Dr. Charaf Abdesseme

Das kleine Übungsheft

Aber wirklich

Schluss mit dem Rauchen

Aus dem Französischen von
Claudia Seele-Nyima

Illustrationen von Jean Augagneur

TRINITY

Dr. Charaf Abdessemed, aufgewachsen in Algier, studierte Medizin und Wirtschaftswissenschaften und arbeitet seit 12 Jahren als Kommunikationsstratege für Unternehmen und als Journalist. Zu seinen Schwerpunkten zählen Gesundheitsthemen wie Ernährung oder die Verbesserung des Hörvermögens.

Die Originalausgabe ist erstmals 2009
bei Éditions Jouvence erschienen.
Titel der französischen Originalausgabe:
Petit cahier d'exercices
pour en finir avec la cigarette

Chemin du Guillon 20, Case 184, CH-1233 Bernex.
www.editions-jouvence.com,
info@editions-jouvence.com

Umschlaggestaltung: Guter Punkt, München
Satz: Veronika Preisler, München
Druck und Bindung: Pustet, Regensburg
ISBN 978-3-95550-124-2

www.die-kleinen-uebungshefte.de

Ein Hinweis vorab

Der Einfachheit halber und um die Lektüre zu erleichtern, haben wir beim Verfassen dieses kleinen Übungshefts vorrangig die männliche Form verwendet. Liebe Leserinnen, dies soll Sie keineswegs ausschließen! Ganz im Gegenteil: In einer Zeit, in der der Anteil der Raucherinnen unter den Frauen immer mehr zunimmt, wendet sich dieses kleine Werk mindestens ebenso, wenn nicht sogar noch mehr an Sie als an Ihre männlichen Zeitgenossen.

Einführung

Nicht mehr rauchen – das ist ein Traum, der vielen Menschen unerreichbar erscheint. Und doch haben bis heute Millionen Raucher das Unglaubliche geschafft und sich von ihrer Niktotinabhängigkeit befreit.

Eines ist allerdings gewiss: Der Weg dorthin ist lang, verschlungen und mit Fallstricken und nicht selten auch schmerzlichen Rückschlägen behaftet. Die Übungen in diesem Heft sollen Sie bei Ihrem Vorhaben, die Zigarette loszuwerden, durchgehend begleiten – zunächst, indem sie Ihnen ermöglichen, sich selbst besser kennenzulernen und die Mechanismen zu verstehen, die Sie in dieser Abhängigkeit gefangen halten. Haben Sie sich dann dafür entschieden, das Rauchen aufzugeben, leiten die Übungen Sie an, wie Sie die teils sehr unangenehmen Entzugserscheinungen in den Griff bekommen, die sich unweigerlich einstellen werden.

Willkommen in diesem Abenteuer, in dessen Verlauf Sie nicht nur mit dem Rauchen aufhören, sondern auch die Gelegenheit erhalten werden, einem einzigartigen Wesen dieser Welt näherzukommen: sich selbst!

*

* *

»Erkenne dich selbst und du wirst das Universum und die Götter erkennen«, hat der weise Sokrates gesagt. Die folgenden Übungen sollen Ihnen ermöglichen, sich selbst besser kennenzulernen und die Zusammenhänge zu verstehen, die Sie seit Jahren in Ihrer Nikotinabhängigkeit halten, damit Sie schließlich in das freie Universum des Nichtrauchens vorstoßen können.

Übung 1

Kreuzen Sie im Folgenden zu jeder der 10 Fragen die Antwort an, die am ehesten auf Sie zutrifft. Auf diese Weise können Sie das Raucherprofil identifizieren, das Ihnen entspricht.

1. Wie viele Zigaretten rauchen Sie am Tag?

0 bis 10	1 Punkt
11 bis 15	2 Punkte
16 bis 20	3 Punkte
Mehr als 20	4 Punkte

2. Wie lange rauchen Sie schon?

Weniger als 2 Jahre	1 Punkt
Zwischen 2 und 7 Jahren	2 Punkte
Zwischen 8 und 10 Jahren	3 Punkte
Mehr als 10 Jahre	4 Punkte

3. Zu welcher Tageszeit rauchen Sie am meisten?

Morgens	3 Punkte
Zwischen 12 und 16 Uhr	1 Punkt
Zwischen 16 und 20 Uhr	2 Punkte
Nach 20 Uhr	3 Punkte
Ich rauche zu jeder Tageszeit	4 Punkte

4. Welche Zigarette ist für Sie die wichtigste des Tages?

Die morgens zum Kaffee	1 Punkt
Die abends nach dem Essen	1 Punkt
Die, die ich mit Freunden rauche	3 Punkte
Alle	4 Punkte

5. Sie rauchen hauptsächlich …

in der Freizeit	2 Punkte
am Wochenende	2 Punkte
in den Ferien	4 Punkte
bei der Arbeit	4 Punkte
immer gleich	3 Punkte

6. Wenn Sie krank sind, rauchen Sie …

gar nicht	1 Punkt
weniger	2 Punkte
genauso viel wie sonst	3 Punkte

7. Das Rauchen ist für Sie vor allem …

Glück	4 Punkte
Genuss	3 Punkte
ein Bedürfnis	2 Punkte
Versklavung	1 Punkt

8. Sie rauchen …

wenn es Ihnen gut geht	2 Punkte
wenn Sie unter Stress stehen oder ängstlich sind	2 Punkte
die ganze Zeit	4 Punkte

9. Sie sitzen an einem Ort fest, an dem Sie nicht rauchen dürfen:

Das Rauchen fehlt Ihnen nicht	1 Punkt
Es fehlt Ihnen zwar, aber Sie können darauf verzichten	2 Punkte
Sie haben das Gefühl, verrückt zu werden	4 Punkte

10. Haben Sie schon einmal versucht, mit dem Rauchen aufzuhören?

Nein, noch nie	3 Punkte
Ja, ein- bis dreimal	2 Punkte
Ja, mehr als dreimal	4 Punkte

Zählen Sie jetzt die Punkte zusammen, die Sie für jede angekreuzte Antwort erhalten haben, und lesen Sie nach, welchem Raucherprofil Sie entsprechen:

32 bis 39 Punkte:

Sie sind dem Tabak ganz und gar verfallen. Für Sie ist das Rauchen nicht nur ein Bedürfnis, sondern auch ein Genuss, auf den Sie nur sehr schwer verzichten können. Als langjähriger Raucher haben Sie inzwischen eine echte Nikotinabhängigkeit entwickelt und Ihre Motivation, sich davon zu befreien, verhält sich umgekehrt proportional zu Ihrem Drang zu rauchen. Die realen gesundheitlichen Gefahren, denen Sie sich dadurch aussetzen, kümmern Sie wenig: Ihr Bedürfnis ist einfach zu stark. Sie haben noch nie versucht, mit dem Rauchen aufzuhören, und falls Sie sich doch einmal auf dieses Abenteuer einließen, haben Sie so viele Rückfälle durchlebt, dass Sie es irgendwann endgültig aufgegeben haben. Machen Sie achtsam die Übungen in diesem Heft – ganz besonders diejenigen, die dem Thema Abhängigkeit gewidmet sind! Und lassen Sie sich von Rückschlägen nicht entmutigen.

22 bis 31 Punkte:

Sie gehören zu den Durchschnittsrauchern. Als mäßigem »Rauch-Junkie« sind Ihnen die damit verbundenen Gefahren für Ihre Gesundheit durchaus bewusst und mit großer Wahrscheinlichkeit haben Sie – mit mehr oder weniger Engagement – bereits die Möglichkeit in Betracht gezogen, mit dem Rauchen aufzuhören. Ihr einziges Problem besteht darin, dass Sie angesichts der großen Fülle an empfohlenen Methoden nicht so recht wissen, wie Sie es angehen sollen. Das Heft, das Sie in den Händen halten, wird Sie Schritt für Schritt zur Abstinenz führen. Nehmen Sie sich Zeit, die verschiedenen Übungen gut zu »verdauen«. Legen Sie mitunter eine Pause ein und lassen Sie sie in Ruhe etwas einwirken, um anschließend besser zu ihnen zurückkehren zu können. Machen Sie die Übungen nötigenfalls ruhig zweimal. Überlegen Sie sich Ihre Antworten dabei gut.

13 bis 22 Punkte:

Sie sind ein Raucher im Anfangsstadium bzw. das, was man als »Gelegenheitsraucher« bezeichnet, rauchen eher um des Genusses willen als aus einem Bedürfnis heraus und können Ihre Lust auf Tabak (momentan noch) kontrollieren. In jedem Fall sind Ihnen die Gefahren des Rauchens nicht besonders bewusst und es ist wichtig, am besten sofort damit aufzuhören, bevor Sie endgültig nikotinabhängig werden. Denn das ist nur eine Frage der Zeit: Da Tabak eine Droge ist, werden Sie früher oder später süchtig. Dieses kleine Übungsheft ermöglicht Ihnen, die Konsequenzen Ihrer Tabakabhängigkeit abzuschätzen, und wird Sie – wer weiß? – dazu bringen, das Rauchen endgültig aufzugeben.

Der Frosch und der Kessel

Dieses Experiment, den Weisen wohlbekannt, kommt einer Lebenslektion gleich. Sicherlich werden Sie, liebe Leser, es nicht selbst wiederholen wollen, aber es ist dennoch aufschlussreich:

Setzt man einen Frosch in kochendes Wasser, dann springt er, um dem Tod zu entgehen, mit einem plötzlichen Satz aus dem Kessel hinaus.

Taucht man denselben Frosch in einen Kessel Wasser mit Zimmertemperatur, geschieht jedoch Folgendes:

Im ersten Moment überrascht, beschließt der Frosch, dass dieses improvisierte Bad ganz nach seinem Geschmack ist.

Wird dann die Herdtemperatur auf eine niedrige Stufe eingestellt, wie es unsere Großmütter bei der Zubereitung ihrer köstlichen Bouillon taten, streckt sich das Tier glückselig und lässig-entspannt aus und macht sich lang, um die wohlige Wirkung der sanften Benommenheit zu genießen, von der es erfasst wird.

Ist es auf einmal zu heiß?

Aber nein, nicht doch! Die mollige Wärme ist so angenehm – dieser wunderbare Kessel verdient es wirklich, dass man sich noch ein bisschen darin aalt!

Während die Temperatur langsam, aber unaufhörlich weiter ansteigt, wird der Frosch allmählich gegart und merkt dabei noch nicht einmal, was ihm widerfährt. Ebenso wenig denkt er an Flucht.

Und wenn das Wasser schließlich den Siedepunkt erreicht hat, ist es zu spät.

Erstarrt, aber dennoch dessen gewahr, was mit ihm geschieht, hat unser armer Frosch nicht mehr die Kraft, aus dem verwünschten Kessel hinauszuklettern ...

Mit dem Rauchen verhält es sich wie mit dem Wasser im Kessel. Hätten Sie gleich beim ersten Mal an einem Tag die 5, 15, 20 oder 30 Zigaretten geraucht, die Sie sich heute im Laufe eines Tages anzünden, dann hätten Sie diese Erfahrung zweifellos kein zweites Mal machen wollen.

In dem sehr anschaulichen nebenstehenden Gleichnis sind Sie selbst natürlich der Frosch und die Zigarette ist der Kessel, in dem Sie wie erstarrt sitzen, da Sie nicht eher bemerkt haben, was mit Ihnen geschieht. Ebenso wie das Wasser, das ganz allmählich Kochtemperatur erreicht, hat auch der Tabak unmerklich die Kontrolle über Ihr Leben übernommen.

Übung 2

Hier nun eine kleine Übung, mit der Sie sich in Erinnerung rufen können, unter welchen Umständen Sie mit dem Rauchen angefangen haben.

Ziehen Sie sich zunächst an einen ruhigen Ort zurück, an dem Sie nicht gestört werden. Ein öffentlicher Park, eine stille Ecke in der Bibliothek oder sogar Ihr Wohnzimmer ist vollkommen ausreichend.
Schließen Sie die Augen und atmen Sie mehrere Minuten ruhig ein und aus.

Sobald Sie ganz entspannt sind, versuchen Sie, an den Tag zurückzudenken, an dem Sie Ihre erste Zigarette geraucht haben.
Falls spontan keine Erinnerungen in Ihnen aufsteigen, versteifen Sie sich nicht darauf. Lassen Sie Ihre Gedanken ruhig schweifen und versuchen Sie, sich Einzelheiten ins Gedächtnis zu rufen. Kommt Ihnen überhaupt kein klares Bild in den Sinn, beenden Sie den Versuch. Machen Sie einen Spaziergang und versuchen Sie es später noch einmal.

Beantworten Sie dann folgende Fragen:

1. Unter welchen Umständen haben Sie Ihre erste »Kippe« geraucht? Waren Sie allein oder mit anderen zusammen? Wie spät war es? War es zu Hause, in der Schule oder anderswo?

....

....

....

2. Denken Sie kurz nach und schreiben Sie hier auf, welche Gründe Sie dazu bewogen haben, Ihre erste Zigarette auszuprobieren: War es Nachahmung, um »wie die anderen« zu sein, um selbstsicherer zu wirken, aus Neugier?

....

....

....

3. Was empfanden Sie hinterher? War es angenehm? Welchen Geschmack hatten Sie im Mund? Welche Gedanken gingen Ihnen durch den Kopf?

....

....

....

4. Warum haben Sie sich entschieden, es wieder zu tun? Was ist Ihrer Meinung nach das Element, das Sie am stärksten dazu getrieben hat, die Erfahrung zu wiederholen?

....

....

....

Atmen Sie wieder sanft ein und aus und richten Sie nun Ihre Gedanken auf den Zeitraum einige Jahre später. Versuchen Sie sich den Tag in Erinnerung zu rufen, an dem Ihnen zum ersten Mal bewusst geworden ist, dass Ihnen das Rauchen nicht guttun könnte.

5. Unter welchen Umständen geschah das? Waren Sie allein oder mit anderen zusammen? War es zu Hause, in der Schule, an Ihrem Ausbildungs- oder Arbeitsplatz oder woanders?

....

....

....

6. Was empfanden Sie?

....

....

....

7. Wie haben Sie danach weitergemacht mit dem Rauchen? Warum?

....

....

....

Übung 3

Betrachten Sie das unten abgebildete Labyrinth aufmerksam. Nehmen Sie sich einen Stift und zeichnen Sie den Weg ein, der Sie zum Ausgang führt.

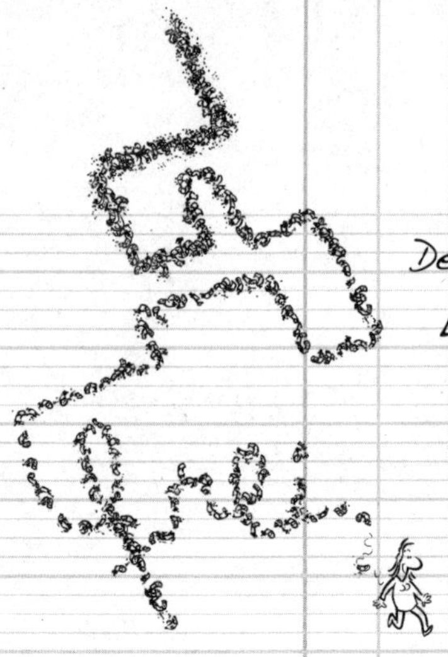

Der Weg zur Freiheit gleicht dem, der mit diesem Labyrinth dargestellt wird: Er ist verwinkelt und hat die Besonderheit, dass man sich schrittweise voran- und wieder zurückbewegt, während der Ausgang, von dem man unter Umständen meint, er sei sehr weit weg, in Wirklichkeit ganz nah ist.

Dank der bisherigen Übungen haben Sie bereits einen großen Schritt in Richtung Selbsterkenntnis getan: Sie wissen nun, welcher Rauchertyp Sie sind, unter welchen Umständen und aus welchen Gründen Sie Ihre erste Zigarette »gequalmt« und warum Sie dann weitergeraucht haben. Besser noch: Auch der Tag, an dem Ihnen zum ersten Mal klar geworden ist, dass Sie ein »Nikotin-Junkie« sind und in einer Abhängigkeit feststecken, die Ihnen enorm schadet, ist Ihnen nunmehr geistig gegenwärtig.

Rauchen – eine komplexe Abhängigkeit

Rauchen ist eine Sucht. Das bedeutet, wie ein Insekt, das sich in einem Spinnennetz verfangen hat, haben auch Sie sich in etwas verstrickt, aus dem Sie sich nur sehr schwer wieder befreien können.

An der Tabaksucht sind komplexe psychische und physiologische Mechanismen beteiligt. So rufen bestimmte in der Zigarette enthaltene Substanzen wie Nikotin eine regelrechte körperliche Abhängigkeit hervor. Das heißt, im Fall eines Tabakausstiegs stellen sich unweigerlich Entzugserscheinungen ein, die sehr unangenehm sein können. Umgekehrt: Wenn Sie Ihren Körper mit dem Nikotin versorgen, das er gewohnt ist, ruft das ein Gefühl der Zufriedenheit und Erleichterung hervor. Das ist bezeichnend für die Sucht, die Sie im Griff hat. Es ist der Beweis, dass Nikotin für sich genommen eine starke Droge ist – so stark, dass in vielen Fällen der Wille allein nicht ausreicht, um endgültig mit dem Rauchen aufzuhören.

Eine Nikotinabhängigkeit kann aber auch psychisch sein. Manche von uns, die eher zu Angst und Depressionen neigen, sind von ihrer persönlichen Veranlagung her anfälliger dafür. Dem kanadischen Psychoanalytiker Guy Corneau zufolge ist die Zigarette ein Paradebeispiel für sogenannten kompensatorischen Genuss: Stets zur Hand, ermöglicht sie uns jederzeit, die Angst vor Trennung, Langeweile oder vor dem Alleinsein zu kompensieren. Dadurch wandelt sie sich nach und nach um in ein unbezähmbares, zwanghaftes Bedürfnis und errichtet die Mauern der Sucht, die uns einschließen.

Übung 4

Kommen Sie für einen Moment zur Ruhe und stellen Sie sich folgende Fragen: Welchen Mangel in Ihrem Leben gleicht das Rauchen aus? Welche Probleme, welche Schwierigkeiten können Sie dadurch leichter vergessen oder ihnen aus dem Weg gehen?

Tragen Sie Ihre Antworten hier ein

Ist Ihnen klar, dass das Rauchen Ihnen zwar kurzfristig Erleichterung bringt, Sie aber dadurch langfristig nur noch mehr in die »Gefangenschaft« treibt?

Übung 5

Zeichnen Sie sich selbst auf dieser Seite ein und ringsherum die Fäden des Spinnennetzes, das Sie einschließt und dessen Zielobjekt Sie bilden. Lassen Sie rechts oben auf Ihrer Zeichnung die Spinne sitzen, die Ihre Abhängigkeit symbolisiert.

Meine Zeichnung

Machen Sie sich bewusst: Die Spinne, die Sie soeben gezeichnet haben, ist nicht nur das Sinnbild für Ihre dunkle Seite, Ihre innere Leere, sondern auch für ein Bedürfnis tief in Ihnen, das Sie – bisher – mit vielen Zigaretten zupflastern. Und: Ihre aktuellen Probleme mit dem Rauchen sind keineswegs nur eine private Angelegenheit zwischen Ihnen und den Zigaretten. Sie sind auch das Ergebnis des absichtsvollen Agierens der Tabakindustrie, die sich seit Jahrzehnten mit hohem Marketingaufwand und gezielten Halbwahrheiten auf Kosten der Gesundheit von Rauchern bereichert.

Übung 6

Beantworten Sie die folgenden Fragen, indem Sie »stimmt« oder »stimmt nicht« ankreuzen.

Die richtigen Antworten finden Sie am Ende der Übung.

1. Rauchen ist die häufigste Todesursache in westlichen Ländern. ❑ stimmt ❑ stimmt nicht
2. Beim Rauchen einer Zigarette inhaliert man mehr als 100 verschiedene Substanzen. ❑ stimmt ❑ stimmt nicht
3. Passivrauchen ist ungefährlich. ❑ stimmt ❑ stimmt nicht
4. Die Einnahmen der Tabakindustrie belaufen sich jährlich auf 100 Millionen Euro. ❑ stimmt ❑ stimmt nicht
5. Mit dem Rauchen aufzuhören, lohnt sich in jedem Fall für die Gesundheit. ❑ stimmt ❑ stimmt nicht
6. Sogenannte flavored* Zigaretten) gefährden die Gesundheit weniger. ❑ stimmt ❑ stimmt nicht
7. Wenn man aufhört zu rauchen, nimmt man zu. ❑ stimmt ❑ stimmt nicht

* Bezeichnung für Zigaretten, die vor dem Verbot 2002 durch die EU auf dem Markt als »Light«- oder »Mild«-Zigaretten erhältlich waren.

8. Rauchen fördert die Impotenz beim Mann.	❑ stimmt	❑ stimmt nicht
9. Rauchen verringert das Sehvermögen.	❑ stimmt	❑ stimmt nicht
10. Rauchen und die »Pille« bilden eine ungünstige Kombination.	❑ stimmt	❑ stimmt nicht
11. Rauchen senkt die Fruchtbarkeit.	❑ stimmt	❑ stimmt nicht
12. Babys von Frauen, die während der Schwangerschaft geraucht haben, sind bei der Geburt dicker als der Durchschnitt.	❑ stimmt	❑ stimmt nicht
13. Kinder von Rauchern werden mit geringerer Wahrscheinlichkeit Raucher.	❑ stimmt	❑ stimmt nicht
14. Auch wenn man nie geraucht hat, kann man an Lungenkrebs erkranken.	❑ stimmt	❑ stimmt nicht
15. Lungenkrebs ist sehr schwer heilbar.	❑ stimmt	❑ stimmt nicht

Hier die richtigen Antworten zu den Fragen auf den beiden vorhergehenden Seiten. Mit ihrer Hilfe können Sie bestimmt einige Vorurteile korrigieren:

1. **Stimmt**
   Das Rauchen verursacht in Deutschland bis zu 120 000, in Frankreich über 60 000, in Österreich 14 000 und in der Schweiz 10 000 vorzeitige Todesfälle pro Jahr. Der Weltgesundheitsorganisation zufolge ist es jährlich die Ursache von fünfeinhalb Millionen vermeidbaren Sterbefällen. Kein anderes Produkt ist gefährlicher und tödlicher als Tabak!
2. **Stimmt nicht**
   Beim Rauchen einer Zigarette inhaliert man mehr als 4000 verschiedene Moleküle, die im Rauch nachweisbar sind: Nikotin, Kohlenmonoxid, Arsen, Aromastoffe, Teer, Ammoniak und zahlreiche Zusatzstoffe. Mindestens 40 dieser Substanzen sind als toxisch und/oder krebserregend bekannt.
3. **Stimmt nicht**
   2002 hat die Internationale Agentur für Krebsforschung das Passivrauchen für gefährlich erklärt und festgestellt, dass es dieselben Krankheiten hervorrufen kann wie die, an denen Raucher erkranken.
4. **Stimmt nicht**
   Die jährlichen Einnahmen der Tabakindustrie belaufen sich weltweit auf über 120 Milliarden Dollar.
5. **Stimmt**
   Nichtraucher werden ist der Gesundheit zu jedem Zeitpunkt förderlich, ganz gleich, wie alt man ist. Nur 20 Minuten nach der letzten Zigarette normalisiert sich bereits der Herzschlag. Geruchs- und Geschmackssinn verbessern sich innerhalb von zwei Tagen. Der Husten legt sich nach etwa einem Jahr und auch das Herzinfarktrisiko verringert sich innerhalb von zwei Jahren erheblich. Man muss jedoch mindestens zehn Jahre warten, damit das Risiko, an Lungenkrebs zu erkranken, wieder auf das eines Nichtrauchers absinkt.
6. **Stimmt nicht**
   Sogenannte flavored Zigaretten mit niedrigerem Nikotin- und Teergehalt reduzieren die Risiken nicht wesentlich, denn die Methode zur Einschätzung ihrer Wirkung gilt als zweifelhaft. Dabei kommt nämlich ein Rauchautomat zum Einsatz, der auf herkömmliche Weise »raucht«, ohne dabei das Verhalten der »Leicht«-Raucher zu berücksichtigen. Diese schaffen nämlich tendenziell dadurch einen Ausgleich, dass sie entweder stärker an der Zigarette »ziehen«, oder dadurch, dass sie mehr Zigaretten rauchen. Und schließlich sind die berühmten kleinen Löcher im Filter der angeblich

leichteren Zigaretten in Wirklichkeit wirkungslos, da sie von den Fingern des Rauchers im wahrsten Sinne des Wortes verstopft werden, wenn er die Zigarette hält.

7. **Stimmt**
   Wer mit dem Rauchen aufhört, muss damit rechnen, dass er ein paar Kilo zunimmt, weil der Grundumsatz des Stoffwechsels sich ändert. Theoretisch normalisiert sich die Situation innerhalb von 18 bis 24 Monaten wieder. Am einfachsten ist es natürlich, diese Gewichtszunahme von vornherein zu vermeiden, indem man seine Ernährung umstellt und regelmäßig eine Sportart ausübt, bei der die Lunge möglichst viel frische Luft erhält: Joggen, Walken etc.
8. **Stimmt**
   Nikotin hat eine gefäßverengende Wirkung. Und da eine Erektion mit der Durchblutung des Penis zusammenhängt, wirken sich Gefäßveränderungen, die auf das Rauchen zurückzuführen sind, auf die sexuelle Funktion aus.
9. **Stimmt nicht**
   Rauchen verringert nicht das Sehvermögen. Es beeinträchtigt jedoch die Hautqualität und beschleunigt die Faltenbildung.
10. **Stimmt**
    Die Verbindung von Tabak und einem hormonellen Verhütungsmittel wie der Antibabypille steigert das Risiko von Durchblutungsstörungen und Herz-Kreislauf-Erkrankungen. Die Folge können Blutgerinnsel, Thrombosen, aber auch Schlaganfall und Herzinfarkt sein.
11. **Stimmt**
    Und zwar für beide Geschlechter. Beim Mann beeinträchtigt das Rauchen nicht nur die Erektionsfähigkeit, sondern auch die Beweglichkeit der Spermien. Bei der Frau geht man davon aus, dass Raucherinnen doppelt so lange brauchen, um schwanger zu werden, wie Nichtraucherinnen.
12. **Stimmt nicht**
    Ganz im Gegenteil: Raucherinnen bringen Kinder zur Welt, deren Gewicht unter dem Durchschnitt liegt.
13. **Stimmt nicht**
    Kinder von Rauchern haben ein doppelt so hohes Risiko, ebenfalls Raucher zu werden, wie Kinder von Nichtraucherpaaren.
14. **Stimmt**
    Aber dennoch sind 90 Prozent der Menschen, die einen Lungenkrebs entwickeln, Raucher oder ehemalige Raucher.

15. **Stimmt**
    Momentan liegt die Fünfjahresüberlebensrate, alle Lungenkrebsformen zusammengenommen, bei 13 Prozent. Im Klartext heißt das: Von 100 Personen, die an Lungenkrebs erkranken, sterben 87 in den ersten fünf Jahren nach der Entdeckung der Krankheit.

Übung 7

Stellen Sie die folgenden Berechnungen an. Dadurch erhalten Sie eine Übersicht darüber, was Sie das Rauchen pro Jahr kostet.

Tragen Sie ein, wie viele Schachteln Zigaretten Sie pro Woche rauchen:

____

Nun multiplizieren Sie die Zahl mit 52, um die Anzahl der Schachteln zu ermitteln, die Sie im ganzen Jahr rauchen:

__________ × 52 = __________

Anschließend notieren Sie den durchschnittlichen Preis einer Schachtel Zigaretten:

____

Zum Schluss multiplizieren Sie den durchschnittlichen Preis pro Schachtel mit der Anzahl der Schachteln, die Sie pro Jahr rauchen:

__________ × __________ = __________

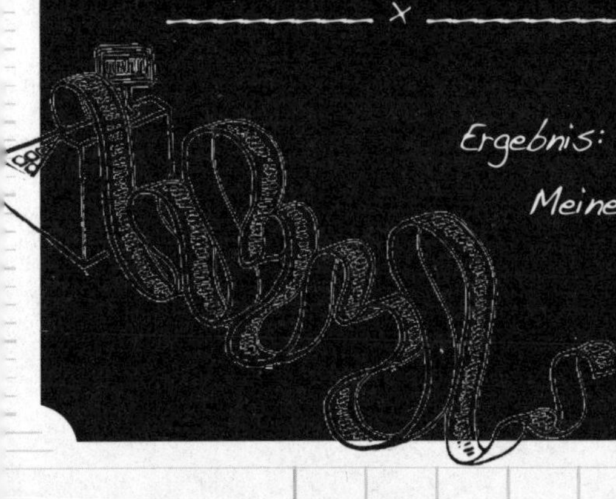

Ergebnis:

Meine Nikotinsucht kostet mich

______ Euro/Schweizer Franken pro Jahr

Übung 8

Denken Sie einen Augenblick nach und schreiben Sie dann in die freien Zeilen unten, was Sie mit diesem Geldbetrag anderes hätten anfangen können.

Mit dem Rauchen aufhören bedeutet, dass Sie sich dank des eingesparten Geldes ab sofort viele Dinge leisten können, die bislang in Ihrem Budget nicht mehr drin waren: beispielsweise in den Urlaub fahren, abends häufiger ausgehen, shoppen gehen, ihre Kinder unterstützen, mehr Geld sparen ...

Mit der Summe von ________ Euro/Schweizer Franken, die ich jede Woche durch das Nichtrauchen einspare, gönne ich mir Folgendes:

____

____

____

____

____

Zahlreiche Experten der menschlichen Psyche sind sich in diesem Punkt einig: Unsere Gedanken formen unsere Gefühle und tragen dazu bei, die Realität der Dinge, die wir erleben, zu erschaffen. Wenn Sie sich bei dem Gedanken daran, dass Sie rauchen, ständig schuldig fühlen, dann durchdringen diese Schuldgefühle Ihren Alltag dauerhaft und werden zu einem regelrechten Hindernis für Ihre Versuche, aufzuhören.

Um solchen lähmenden Schuldgefühlen zu entrinnen, ist es daher am besten, einfach eine neue Perspektive einzunehmen. Denn bekanntlich kann eine zur Hälfte gefüllte Flasche entweder als halb leer oder als halb voll angesehen werden.

Übung 9

Befragen Sie sich selbst und denken Sie dabei an den vollen Teil der Flasche ...
Was, wenn das Rauchen nicht unbedingt etwas Negatives wäre?

Kann man durch das Rauchen nicht viele gute Eigenschaften entwickeln?

1. Die »Geduld«, jeden Tag loszugehen und eine Schachtel Zigaretten zu kaufen.
2. Das »Bemühen«, einen hübschen Batzen Geld auszugeben, der jedes Jahr in Rauch aufgeht.
3. Die »Disziplin«, jeden Tag 5, 10, 15 oder 20 Zigaretten zu rauchen.
4. Die »Vernunft«, sich täglich zu Atemübungen – Ein- und Ausatmen – zu zwingen.
5. Die »Willenskraft«, jeden Tag Zeit zum Rauchen zu finden.

Denken Sie noch einmal nach und fragen Sie sich, ob solche Eigenschaften nicht auch auf andere Art und Weise sinnvoll eingebracht werden könnten. Schreiben Sie Ihre Ideen hier auf:

Malen Sie die fünf Eigenschaften aus, um sie besser im Sinn zu behalten:

Geduld **Bemühen** **Disziplin**

Vernunft **Willenskraft**

Könnten Sie diese guten Eigenschafen durch täglichen Sport, Meditation oder eine künstlerische Aktivität nicht genauso gut entwickeln wie durch das Rauchen? Dem Psychoanalytiker Guy Corneau zufolge befreien wir uns nämlich nicht dadurch am besten von einer Abhängigkeit, dass wir gegen sie ankämpfen – das verstärkt sie nur –, sondern dadurch, dass wir unsere kreativen Fähigkeiten freisetzen, denn nur diese kreativen Fähigkeiten können bewirken, dass wir dauerhaft wieder zu uns selbst zurückfinden!

Jon Kabat-Zinn, der vor über 30 Jahren die Methode der Achtsamkeitsbasierten Stressreduktion (MBSR, Mindfulness-Based Stress Reduction) begründet hat, die heutzutage auf der ganzen Welt angewandt wird, definiert Achtsamkeit bzw. englisch »mindfulness« als »das Bewusstsein, das entsteht, indem man der sich entfaltenden Erfahrung von einem Moment zum anderen bewusst seine Aufmerksamkeit widmet, und zwar im gegenwärtigen Augenblick und ohne dabei ein Urteil zu fällen«.

Mithilfe der althergebrachten Praxis der Achtsamkeit, die den buddhistischen Lehren entstammt, ist es möglich, die Fülle des gegenwärtigen Momentes Augenblick für Augenblick bewusst wahrzunehmen. Denn da wir nur zu oft den »Autopiloten« einschalten und nicht wirklich darauf achten, was jetzt gerade vor sich geht, leben wir meistens neben den Erfahrungen her, die den Reichtum des Lebens ausmachen ... Würden wir lernen, wie wir unsere Fähigkeiten, achtsam zu leben, entwickeln können, dann könnte jeder von uns in der Gegenwart leben und nicht in der Vergangenheit, die bereits vorbei ist, oder in der Zukunft, die definitionsgemäß nur hypothetisch sein kann.
Wie viele Zigaretten rauchen Sie im Laufe des Tages mechanisch, ohne wirklich mit dem Kopf dabei zu sein, ja sogar ohne überhaupt zu merken, dass Sie sie angezündet, geraucht und dann ausgedrückt haben?
Ist Ihnen bewusst, dass Sie wie die meisten Nikotinabhängigen rauchen, während Ihr Geist anderweitig beschäftigt ist – mit Ihren Alltagssorgen, dem Nachbarn, der vergessen hat, Ihnen zuzulächeln, dem Geschirr, das Sie heute noch spülen

müssen, Ihren Kindern, die Sie von der Schule abholen müssen, mit der Arbeit, die Sie Ihrem Chef abliefern sollen?

Achtsam rauchen, das bedeutet ganz einfach, Ihr gewohntes Verhalten ins Gegenteil zu verkehren. Das heißt, Sie widmen dem Rauchen besondere Aufmerksamkeit, ohne Ihr Handeln zu bewerten, und nehmen die Zigarette in Ihrer Hand achtsam wahr, ebenso wie den Rauch, den Sie in jedem Moment inhalieren …

Sie rauchen? Sie rauchen gerne? Dann fassen Sie jetzt den feierlichen Entschluss, es ab sofort achtsam zu tun und diesem Akt all die Aufmerksamkeit zu widmen, die ihm gebührt!

Rauchen Sie –
aber tun Sie es achtsam!

Übung 10

Um achtsam zu rauchen, gehen Sie folgendermaßen vor:

1. Atmen Sie tief ein und dann wieder aus.

2. Legen Sie die Zigarette vor sich hin und betrachten Sie sie aufmerksam: Welche Farbe hat sie? Wie ist die Trennung zwischen dem Filter und der eigentlichen Zigarette beschaffen? Steht ein Markenname darauf? Ragen Tabakfasern aus dem Ende heraus? Ist die Oberfläche der Zigarette zerknittert, zusammengedrückt, voller Tabak oder ist sie im Gegenteil glatt und gleichmäßig geformt? Lässt sich die Farbe des Tabaks erahnen, weil das Papier transparent ist?

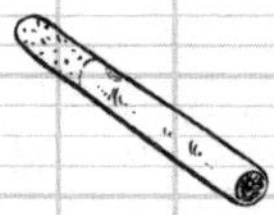

3. Nehmen Sie dann die Zigarette zwischen die Finger.
Erscheint sie Ihnen eher schwer oder erstaunlich leicht? Führen Sie sie anschließend an die Lippen. Fühlt sie sich hart an oder aber sehr weich? Wonach schmeckt und riecht sie? Nach Papier oder nach Tabak?

4. Zünden Sie die Zigarette mit der anderen Hand an.
Wie ist die Feuerzeug- oder Streichholzflamme? Groß oder klein? Welche Farbe hat sie? Ist sie gelb, orange oder blau? Knistert sie oder ist sie geräuschlos?

5. <u>Ziehen Sie sachte an Ihrer Zigarette.</u> Spüren Sie, wie der Rauch in Ihren Mund fließt? Konzentrieren Sie sich auf Ihre Nasenlöcher. Welchen Geruch nehmen Sie dort wahr? Atmen Sie dann allmählich ein und spüren Sie bewusst, wie der Rauch nach und nach Ihren Rachen, die Luftröhre und dann die Bronchien durchströmt … Spüren Sie ihn, wie er sich allmählich in Ihren Lungen ausbreitet? Merken Sie, dass Ihr Zwerchfell sich senkt, damit Ihre Lunge sich maximal ausdehnen kann?

6. <u>Halten Sie einen Augenblick inne …</u> Wie fühlen Sie sich genau jetzt? Sind Sie glücklich, zufrieden, satt oder aber ängstlich und gestresst?

7. <u>Spüren Sie anschließend, wie Ihre Lunge sich zusammenzieht</u>, während der Rauch den umgekehrten Weg nimmt und aus der Lunge heraus durch die Bronchien, die Luftröhre und den Rachen strömt. Spüren Sie den Hauch, wenn er durch Ihre Nasenflügel fließt und Sie ihn aus der Nase ausstoßen? Welche Farbe hat er? Wie riecht er?

8. <u>Wiederholen Sie diesen Vorgang des genauen Beobachtens bei jedem Zug an der Zigarette.</u>

9. <u>Ist die Zigarette zu Ende geraucht, dann drücken Sie den Stummel im Aschenbecher aus.</u> Spüren Sie den Widerstand, wenn Sie draufdrücken, damit er ausgeht? Betrachten Sie den Aschehaufen im Aschenbecher. Welche Farbe hat er?

Die Übung ist nun fast beendet.

10. Wenn Ihre Gedanken zufällig von dem abschweifen, was Sie gerade tun, verurteilen Sie sich bloß nicht! Beobachten Sie, wohin die Gedanken Sie führen. Neigen Sie dazu, sich Schuld einzureden? Zu denken, dass Sie gerade Ihre Zeit verschwenden? Oder an irgendetwas anderes zu denken?

11. Schätzen Sie ein, wie lange Sie für die gesamte Übung gebraucht haben. Fanden Sie das Rauchen dieser Zigarette eher angenehm oder weniger angenehm?

Übung II

Bemühen Sie sich, ein paar Wochen lang **jede** Zigarette achtsam zu rauchen, wie in der vorhergehenden Übung beschrieben. Vermeiden Sie es zu rauchen, wenn Sie sich nicht in der Lage sehen, es mit der ganzen erforderlichen Aufmerksamkeit zu tun.

Tragen Sie unten ein, wie viele Zigaretten Sie täglich geraucht haben.

1. Tag: …
2. Tag: …
3. Tag: …
4. Tag: …
5. Tag: …
6. Tag: …
7. Tag: …
8. Tag: …
9. Tag: …
10. Tag: …
11. Tag: …
12. Tag: …
13. Tag: …
14. Tag: …
15. Tag: …
16. Tag: …
17. Tag: …
18. Tag: …
19. Tag: …
20. Tag: …
21. Tag: …
22. Tag: …
23. Tag: …
24. Tag: …
25. Tag: …
26. Tag: …
27. Tag: …
28. Tag: …
29. Tag: …
30. Tag: …

Anschließend analysieren Sie die Ergebnisse.

Ist es nicht so, dass Sie nun tendenziell weniger rauchen als vorher?

Ist der Drang zu rauchen genauso stark, stärker oder schwächer als vorher?

Was empfinden Sie nach mehreren Wochen des Übens? Genießen Sie das Rauchen immer noch genauso sehr wie vorher?

Notieren Sie hier Ihre Erkenntnisse:

Mit Achtsamkeit rauchen bringt Sie dahin, dass Sie wirklich wahrnehmen, was Sie tun, Augenblick für Augenblick. Dank der Achtsamkeit dürften auf die Schnelle gerauchte Zigaretten, die lediglich eine Leere zwischen Ihren Händen oder in Ihrem Tagesablauf füllen sollen, schon bald der Vergangenheit angehören.

Im Gegenteil: Jede wird um ihrer selbst willen geraucht, erhält die Zeit, die ihr zusteht, und nach und nach erkennen Sie, dass die Zigarette, ihrer Funktion als »Lückenbüßerin« enthoben, ihre Existenzberechtigung verliert.
Die folgende Übung ist eine Visualisierung, die Ihnen dabei hilft, noch weiter zu gehen und zu verstehen, was für eine schädliche Art und Weise, auf Ihre existenzielle Leere zu reagieren, das Rauchen ist.

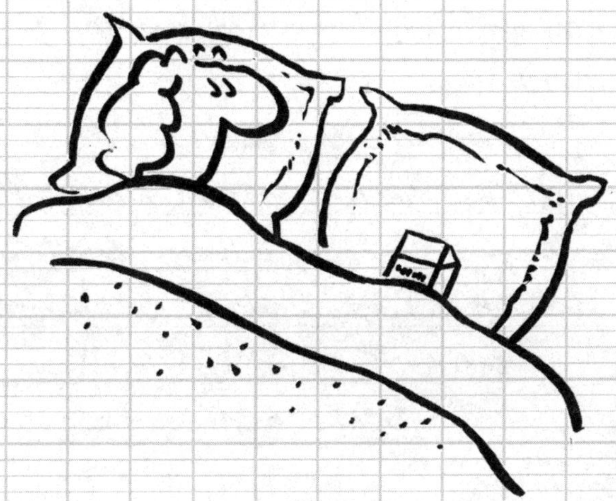

Übung 12

Gehen Sie alle Schritte der Übung 10 noch einmal durch. Nehmen Sie sich eine Zigarette und rauchen Sie sie, wie weiter oben beschrieben, mit Achtsamkeit. Wenn Sie an dem Punkt ankommen, an dem der Rauch in Ihre Lungen gelangt (Schritt Nr. 5), führen Sie die Übung mit der folgenden Visualisierung fort:

Stellen Sie sich vor, wie die im Zigarettenqualm enthaltenen toxischen Moleküle – Teer, Nikotin, Ammoniak etc. – in die Blutgefäße Ihrer Lunge eindringen und sich gleich darauf im Blut auflösen.
Dann stellen Sie sich weiterhin vor, wie sie sich mit jedem Schlag Ihres Herzens ausbreiten und sich, je nachdem, welche Wege sie nehmen, nahezu überall in den verschiedenen Organen Ihres Körpers anlagern. Was empfinden Sie dabei?
Beenden Sie dann die Übung wie gewohnt, indem Sie den Rauch achtsam ausstoßen.

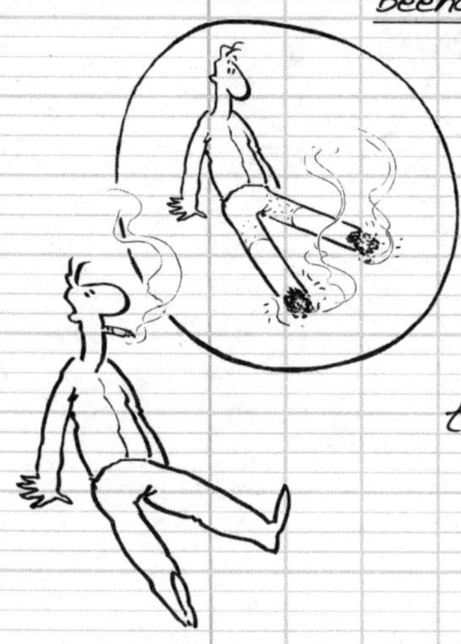

Bemühen Sie sich einige Wochen lang, jede Zigarette auf diese Weise zu rauchen – indem Sie bei jedem Zug an der Zigarette diesen wichtigen Schritt der Visualisierung einschieben.

Übung 13

Tragen Sie, wie schon einmal, auch hier wieder die Zahl der Zigaretten ein, die Sie täglich geraucht haben:

1. Tag: …	16. Tag: …
2. Tag: …	17. Tag: …
3. Tag: …	18. Tag: …
4. Tag: …	19. Tag: …
5. Tag: …	20. Tag: …
6. Tag: …	21. Tag: …
7. Tag: …	22. Tag: …
8. Tag: …	23. Tag: …
9. Tag: …	24. Tag: …
10. Tag: …	25. Tag: …
11. Tag: …	26. Tag: …
12. Tag: …	27. Tag: …
13. Tag: …	28. Tag: …
14. Tag: …	29. Tag: …
15. Tag: …	30. Tag: …

Analysieren Sie anschließend die Ergebnisse.

Zeichnet sich nicht ab, dass Sie deutlich weniger rauchen als vorher?

Ist die Lust zu rauchen genauso stark, stärker oder schwächer als bei der letzten Übung?

Was spüren Sie nach einigen Wochen des Übens?

Genießen Sie das Rauchen immer noch genauso?

Rekapitulieren wir noch einmal!

- Ihnen sind nun folgende Dinge bewusst:
  - die Mechanismen, die Sie in Abhängigkeit halten;
  - das, woran es Ihnen mangelt, und was das Rauchen bei Ihnen kompensiert;
  - der Geldbetrag, den Sie Ihre Abhängigkeit pro Jahr kostet;
  - die Eigenschaften, die Sie durch diese Abhängigkeit entwickeln konnten und die Sie nutzen könnten, um etwas anderes zu tun.

- Sie sind sich der Bedeutung jeder Zigarette bewusst, die Sie »achtsam« rauchen, während Sie die Ausbreitung der giftigen Substanzen in Ihrem ganzen Körper visualisieren.
- Sie kennen die medizinischen und wirtschaftlichen Fakten bezüglich des Rauchens.

»Allein die Einstellung, in allen Bereichen unseres Lebens voll und ganz die Verantwortung zu übernehmen« – so der Soziologe und Dozent Pierre Pradervand* – »ist eine erwachsene Haltung, die es uns ermöglicht, zu reifen. (...) Wer sich in eine Opferrolle flüchtet, bleibt Kind, weigert sich, erwachsen zu werden. (...) Verantwortlich sein ist eine Entscheidung, die wir treffen können.«
Wenn Sie wirklich vom Tabak loskommen wollen, sollten Sie daher die volle Verantwortung für Ihr Handeln übernehmen, auch für das Rauchen. Denn wenn wir auch nicht verantwortlich sind für das, was uns zustößt, so sind wir doch immer für das verantwortlich, was wir daraus machen.
Nachdem Sie nun umfassend informiert sind über die Tragweite und die Konsequenzen Ihrer Nikotinsucht, ist es an der Zeit, dass Sie Ihre »Erklärung der Verantwortungsübernahme« unterschreiben.

* Pradervand, Pierre: *Plus jamais victime. Victime ou responsable – je choisis*, Éditions Jouvence: Genf 2001.

Übung 14

Erklärung der Verantwortungsübernahme

Ich heiße

....

und ich bin seit .... Jahren tabakabhängig.
Ich bestätige hiermit, dass ich für meine Nikotinabhängigkeit voll und ganz verantwortlich bin und ihre finanziellen und medizinischen Folgen für mich wie für meine Umgebung in vollem Umfang ermessen kann.

Ort, Datum ....

Unterschrift ....

Von nun an sind Sie bereit, mit dem Rauchen aufzuhören. Legen Sie einen Termin fest, ab dem Sie definitiv keine Zigarette mehr in die Hand nehmen werden – am besten einen Tag, an dem Sie nicht arbeiten müssen und sich von beruflichem oder familiärem Stress aller Art frei fühlen. Entfernen Sie jegliche Spuren des Rauchens – einschließlich der Aschenbecher – aus Ihrem Zuhause und von Ihrem Arbeitsplatz. Meiden Sie ein paar Wochen lang Orte, an denen die Versuchung zu groß ist:

Gaststätten mit Raucherbereich, gesellige Aktivitäten, die mit Trinken und Rauchen einhergehen, etc.

Unterschreiben Sie dann den folgenden Vertrag, um Ihren Entschluss zu besiegeln.

Übung 15

Vertrag über das Nichtrauchen

Ich beschließe, am ………………… mit dem Rauchen aufzuhören, und verpflichte mich, ein »Abstinenz-Tagebuch« zu führen.

Die Hauptgründe, warum ich diese Verpflichtung eingehe, sind folgende:

……………………………………………………………………

……………………………………………………………………

……………………………………………………………………

……………………………………………………………………

……………………………………………………………………

……………………………………………………………………

……………………………………………………………………

Ich stehe weder mit der Zigarette noch mit mir selbst auf Kriegsfuß. Ich möchte lediglich meinem Körper und mir als Mensch den gebührenden Respekt erweisen und die Freiheit geben, die uns zusteht.

Ort, Datum …………………………

Unterschrift …………………………

Kopieren Sie den Vertrag mehrfach, schneiden Sie ihn aus und hängen Sie ihn überall aus: an Ihrem Arbeitsplatz, zu Hause, auf der Toilette, im Auto ...

Nur keine Angst, dass Sie sich lächerlich machen! Sprechen Sie mit anderen über Ihre Erfahrungen: In der kognitiven Verhaltenstherapie sind das Aussprechen und Kommunizieren von Schwierigkeiten, mit denen man konfrontiert ist, grundlegende Faktoren, um eine dauerhafte Veränderung herbeizuführen. Also nur zu! Sprechen Sie mit den Menschen in Ihrer Umgebung, mit Angehörigen, Arbeitskollegen und anderen über Ihren Versuch. Und keine Sorge: Sie verlieren nicht das Gesicht, falls Sie scheitern sollten. Nur wer nie etwas wagt, dem kann auch nie etwas misslingen!

Seien Sie bei Ihrem Vorhaben bescheiden und gelassen.
Machen Sie sich frei von der bei uns verbreiteten Kultur der Ergebnisorientiertheit und erkennen Sie einfach an, welches Geschenk Sie Ihrem Körper, sich selbst und anderen gerade machen. Ob Ihr Versuch gelingt oder nicht, spielt nur eine untergeordnete Rolle, denn früher oder später wird Ihre Mühe von Erfolg gekrönt sein.
Vergessen Sie nicht: »Dank« der Zigarette haben Sie Geduld, Disziplin, Bemühen, Vernunft und Willenskraft entwickelt. Und genau diese Eigenschaften setzen Sie heute ein, um Ihrer Nikotinsucht ein Ende zu bereiten.

*
* *

So. Sie haben nun aufgehört zu rauchen. Ob seit einer Woche, drei Tagen, einem Tag oder zwei Stunden – das ist nicht so wichtig. Betrachten Sie sich ab jetzt als Nichtraucher. Denn Sie haben soeben einen wichtigen Schritt getan: Hat nicht schon der chinesische Philosoph Laozi vor etwa 2500 Jahren gesagt, »eine Reise von 1000 Meilen beginnt mit dem ersten Schritt«?

Ist dieser erste Schritt getan, müssen Sie noch die Entzugserscheinungen bewältigen. Sie sind zwar nicht gravierend, können aber recht unangenehm sein und zu einem Rückfall führen. Da Nikotin eine Droge ist, die Abhängigkeit hervorruft, machen sich nach dem Absetzen zwangsläufig Symptome bemerkbar, die zusammengenommen das sogenannte »Entzugssyndrom« bilden.

Übung 16

Es ist wichtig, die Entzugssymptome zu kennen, um in richtiger Weise darauf reagieren zu können.

<u>Kreuzen Sie unten die Symptome an, die sich bei Ihnen bemerkbar machen:</u>

- Starkes Verlangen zu rauchen

- Unruhe und Gereiztheit

- Angst und Depression

- Schlaflosigkeit und Müdigkeit

- Konzentrationsschwierigkeiten
- Gesteigerter Appetit, Heißhungerattacken und ein starkes Bedürfnis zu naschen

Übung 17

Nehmen Sie sich Zeit zum Nachdenken und schreiben Sie dann unter den aufgeführten Symptomen auf, was Sie tun könnten, um sie abzumildern.

- Starkes Verlangen zu rauchen

- Unruhe und Gereiztheit

- Angst und Depression

- Schlaflosigkeit und Müdigkeit

- Konzentrationsschwierigkeiten

- Gesteigerter Appetit, Heißhungerattacken und ein starkes Bedürfnis zu naschen

Entzugserscheinungen lindern – ein paar Vorschläge

- **Starkes Verlangen zu rauchen**

  Meiden Sie Situationen, die in Ihnen das Verlangen nach einer Zigarette wecken könnten: Abende mit Freunden, die rauchen, endlose Arbeitstreffen etc.

  Legen Sie sich Strategien zurecht, die Sie ablenken, wenn der Drang zu rauchen Sie überkommt. Im Allgemeinen hält er nur wenige Minuten an und es genügt, dann einen kurzen Spaziergang zu machen, sich die Hände zu waschen, ein Glas Wasser zu trinken, Kaugummi zu kauen, ein paarmal tief durchzuatmen oder sich zu strecken, sich die Nägel zu lackieren etc., damit das Verlangen wieder vergeht. Naschen als Ablenkungsmaßnahme sollten Sie möglichst vermeiden, wenn Sie nicht zunehmen wollen.

- **Unruhe und Gereiztheit**

  Auch diese Symptome sind vorübergehend, wenn auch sehr unangenehm.
  Die im vorigen Abschnitt aufgeführten Maßnahmen können hier ebenfalls hilfreich sein.
  Am besten ist es immer noch, sich einen Ausgleich zu gönnen, indem Sie etwas tun, was Ihnen Spaß macht: Freunde treffen (erst einmal nur Nichtraucher), ins Kino gehen, Kochen ...

- **Angst und Depression**

  Die beste Methode, gegen Angst und Depressionen anzukämpfen, die auf Nikotinentzug zurückzuführen sind, besteht darin, Sport zu treiben. Dadurch wird die Produktion von körpereigenen Endorphinen angeregt, die eine starke antidepressive Wirkung haben.

- **Schlaflosigkeit und Müdigkeit**

  Um das Risiko von Schlafstörungen zu mindern, beginnen Sie am besten damit, dass Sie Koffein, Alkohol und sonstige anregende Substanzen meiden.
  Gehen Sie nicht zu spät ins Bett. Wenn sich der Schlaf partout nicht einstellen will, halten Sie nicht krampfhaft an Ihren Einschlafbemühungen fest. Stehen Sie

auf und bleiben Sie eine Weile wach, sehen Sie sich eine DVD an, lesen Sie eine Zeitschrift oder ein Buch, lesen Sie dieses kleine Übungsheft noch einmal oder meditieren Sie so lange, bis Sie (wieder) einschlafen können.

- **Konzentrationsschwierigkeiten**

  Auch hier ist eine gesunde, ausgewogene Lebensführung das beste Mittel, um dieses sehr unangenehme Symptom merklich zu mildern.
  Ablenkungsstrategien (Spaziergang, Sport etc.) haben sich ebenfalls als wirksam erwiesen.

- **Gesteigerter Appetit, Heißhungerattacken und ein starkes Bedürfnis zu naschen**

  Die weiter oben geschilderten Ablenkungsstrategien sind in diesem Fall ebenfalls sehr wirkungsvoll.
  Wenn Sie unbedingt zwischendurch etwas essen müssen, vermeiden Sie stark fett- und zuckerhaltige Naschereien (Chips, Schokolade, Bonbons etc.) und greifen Sie stattdessen lieber zu Obst – das hat Vitamine und ist sehr viel gesünder.

Allgemein:

- Entzugserscheinungen sind vorübergehend und schwächen sich mit der Zeit immer mehr ab. Vermeiden Sie daher jeglichen Griff zur Zigarette.
- Ruhen Sie sich aus: Eine angemessene Lebensführung ist unabdingbar, um dem durch den Tabakentzug erzeugten Stress zu begegnen. Achten Sie also auf eine gesunde, ausgewogene Ernährung mit wenig Koffein und Alkohol, und darauf, dass Sie genügend Schlaf bekommen.
- Treiben Sie Sport. Das hat den Vorteil, dass Ihre Lungen gefordert und trainiert werden, und Sie können dadurch Ihre wiedergewonnene Freiheit und das Wohlbefinden, das mit dem Ausstieg aus dem Rauchen einhergeht, besser spüren.
- Denken Sie daran, dass Sie keinen Krieg gegen das Rauchen führen.
- Lesen Sie immer wieder Ihren Vertrag über das Nichtrauchen.

Übung 18

Eine der nützlichsten Methoden, den Entzugserscheinungen entgegenzutreten, besteht darin, sie in ein Abstinenztagebuch einzutragen.

Kopieren Sie die folgende Tabelle und ergänzen Sie sie täglich.

Datum	Uhr-zeit	Entzugs-symptom	Ort und Aktivität in diesem Moment	Automa-tische Gedanken	Angewandte Strategie zum Bewältigen des Symptoms	Dauer des Symptoms

Schauen Sie regelmäßig in Ihr Abstinenztagebuch. So werden Sie feststellen, dass die Entzugserscheinungen sich nach und nach abschwächen. In Momenten der Entmutigung ist das Tagebuch sehr wertvoll, denn es erinnert Sie daran, dass Sie durchaus fähig sind, Symptome zu bewältigen, die Ihnen anfangs unüberwindlich erschienen.

Regen Sie Ihre Kreativität an!
Das ist nicht nur ein ausgezeichnetes Ablenkungsmanöver bei Entzugserscheinungen, sondern es sorgt überdies dafür, dass sich Ihre Abhängigkeit reduziert.
Widmen Sie sich kreativen Aktivitäten und Hobbys, die Sie tendenziell vernachlässigt haben: Malen, Bildhauerei, Sport, Spazierengehen, Meditation ...

Je mehr Sie zu sich selbst finden, Ihrem »wahren Ich« näherkommen, umso leichter löst sich der Teufelskreis der Abhängigkeit.

*

* *

Und falls Sie trotz all Ihrer Bemühungen letztendlich doch einmal einknicken, machen Sie sich klar, dass deswegen noch lange nicht alles verloren ist: Rückfälle sind ganz normal und gehören mit zum Prozess der Befreiung vom Tabak.

- **Erster Fall: Der Rückfall ist noch nicht lange her – erst wenige Stunden.**

Da haben wir die Bescherung: Das, was Sie so sehr gefürchtet haben, ist nun eingetreten – leider! Von Verlangen gepeinigt und unter Entzugsstress stehend haben sie sich eine Zigarette oder auch zwei angezündet. Aber keine Panik, nichts ist verloren: **Das heißt noch lange nicht, dass Sie wieder zum Raucher geworden sind.**

Doch voller Gewissensbisse und Schuldgefühle und überzeugt, Sie seien »zu nichts nütze« und hätten »nicht die geringste Willenskraft«, überhäufen Sie sich mit herabsetzenden Urteilen, die Sie in das verheerende Gefühl treiben, versagt zu haben.

Hören Sie sofort auf mit jeglichem Urteilen und machen Sie sich klar, dass Rückfälle zum Nikotinentwöhnungsprozess dazugehören. Ein Rückfall ist einfach eine Panne und es besteht nicht der geringste Grund, nun das Kind mit dem Bade auszuschütten.

Was Sie bisher gelernt haben, war keineswegs vergeblich und bleibt aktuell. Bemühen Sie sich also einfach weiter, so als sei nichts geschehen. Tragen Sie diesen Rückfall in Ihr Abstinenztagebuch ein und analysieren Sie sorgfältig die Gedankengänge, die Sie dazu verleitet haben, der Versuchung zu erliegen. Beobachten Sie, wie Ihr Geist funktioniert, und versuchen Sie, die Gedanken, die Sie in den Rückfall getrieben haben, genau auszumachen.

- **Zweiter Fall: Der Rückfall liegt schon mehrere Tage oder Wochen zurück.**

Sie sind wieder in Ihre alten Gewohnheiten verfallen, als sei nichts gewesen: **Sie sind wieder zum Raucher geworden!**

Auch hier gilt: Verurteilen Sie sich nicht! Die meisten Raucher haben mehrere Versuche unternommen, bevor ihnen der endgültige Ausstieg gelang.
Nehmen Sie Ihr Abstinenztagebuch wieder auf (das zwischenzeitlich zu einem »Rauchertagebuch« geworden ist) und machen Sie sich deutlich bewusst, dass Sie es geschafft haben, einige Zeit (Tage, Wochen oder Monate) ohne Zigaretten auszukommen. Dieses Ergebnis ist durchaus nicht bedeutungslos und zeigt, dass Sie Ihr Vorhaben früher oder später erfolgreich umsetzen werden.
Machen Sie die Übungen dieses kleinen Heftes noch einmal von Anfang an – lassen Sie sich nicht entmutigen! Praktizieren Sie sie erneut mit ganzem Einsatz und achten Sie darauf, dass Sie die darin enthaltenen Lehren gut auf sich wirken lassen.
Vergleichen Sie die Ergebnisse ruhig mit den Ergebnissen Ihres ersten Versuchs. Analysieren Sie möglichst genau, zu welchen

Tageszeiten und in welchen Situationen Sie besonders rückfallgefährdet sind, und schenken Sie Ihrem Abstinenztagebuch mit den Einträgen Ihrer Entzugserscheinungen besondere Aufmerksamkeit, indem Sie sich neue Alternativstrategien ausdenken.

Und sollte das noch nicht genügen – zögern Sie nicht, um Hilfe zu bitten!

Mehrere Methoden können Sie in dieser schwierigen Zeit unterstützen und zahlreiche Ärzte und Therapeuten bieten eine Betreuung während der Nikotinentwöhnung an, die unter Umständen entscheidend sein kann.

- **Nikotinersatzprodukte:**
  In Form von Nikotinpflastern, Lutschtabletten oder Kaugummi verdoppeln diese Produkte die Chancen, dass Ihnen der Ausstieg aus dem Rauchen gelingt, indem sie Ihnen die Nikotindosis liefern, die Sie brauchen, und dadurch Ihre sehr unangenehmen Entzugserscheinungen erheblich verringern.

- **Kognitive Verhaltenstherapie:**
  Eine solche Therapie hilft Ihnen dabei, zu verstehen, wie Ihre Abhängigkeit funktioniert. Von einem fachlich kompetenten Therapeuten durchgeführt, gibt sie Ihnen wirksame Strategien an die Hand, um dem Drang zu rauchen entgegen-

zuwirken, und hilft Ihnen auch, die Umstände (Stress, angenehmer Moment etc.) und Verhaltensweisen zu analysieren, die Sie dazu verleiten, zur Zigarette zu greifen. Die Erfolgsaussichten dieser Therapie sind ausgezeichnet.

- **Medikamente**
  Der auch als Antidepressivum eingesetzte Wirkstoff Bupropion hat sich (unter dem Handelsnamen Zyban®) als ebenfalls hilfreich bei der Tabakentwöhnung erwiesen. Das Medikament ist verschreibungspflichtig und mit der Einnahme muss bereits einige Tage vor dem Nikotinentzug begonnen werden.

- Und schließlich gibt es auch noch **Hypnose, Akupunktur und jede andere Methode,** die Sie für geeignet halten, Ihnen zu helfen …

Zum Schluss

Sie sind nun am Ende dieses kleinen Übungsheftes angelangt. Es hat Ihnen, so hoffen wir, nicht nur den Ausstieg aus dem Rauchen ermöglicht, sondern auch dabei geholfen, ein wenig über sich selbst zu erfahren. Das Überwinden einer Sucht, welcher Art auch immer, ist nie ein leichtes Unterfangen. Es erfordert Geduld und die Fähigkeit, innere Ressourcen zu mobilisieren, während man gleichzeitig sowohl eine Haltung des Loslassens als auch eine gewisse Distanz zu den Dingen entwickelt.

Die Devise der Anonymen Alkoholiker, das bekannte Gelassenheitsgebet – im Allgemeinen dem US-amerikanischen Theologen Reinhold Niebuhr zugeschrieben – fasst aufs Beste zusammen, auf welche Art und Weise jeder angehende Nichtraucher an die Sache herangehen sollte.

Möge es Sie auf dem schwierigen, aber bereichernden Weg des Tabakausstiegs begleiten!

Gelassenheitsgebet

Gott, gib mir die Gelassenheit, Dinge hinzunehmen,
die ich nicht ändern kann,
den Mut, Dinge zu ändern, die ich ändern kann,
und die Weisheit, das eine vom anderen
zu unterscheiden.

Weiterführende Informationen

Kleine Taschenbibliothek

Geurtz, Jan: *Suchtfrei. Die Illusion durchschauen. Eine neue Methode ohne Entzugserscheinungen,* übers. von Eva Treutlein, Omega: Aachen 2007.

Kabat-Zinn, Jon: *Im Alltag Ruhe finden. Meditationen für ein gelassenes Leben,* übers. von Theo Kierdorf, Knaur TB: München 2010.

Ders.: *Zur Besinnung kommen. Die Weisheit der Sinne und der Sinn der Achtsamkeit in einer aus den Fugen geratenen Welt,* übers. von Stephan Schuhmacher, Arbor: Freiamt 2008.

Kaltwasser, Vera: *Mit Achtsamkeit zum Nichtrauchen. Der sanfte Weg zum Erfolg,* Beltz: Weinheim 2013.

Pradervand, Pierre: *Plus jamais victime. Victime ou responsable – je choisis,* Éditions Jouvence: Genf 2001.

Schneider, Ralf: *Die Suchtfibel. Wie Abhängigkeit entsteht und wie man sich daraus befreit,* Schneider: Hohengehren ^{17}2013.

Willson, Rob/Branch, Rhena: *Kognitive Verhaltenstherapie für Dummies,* übers. von Hartmut Stahl, Wiley-VCH: Weinheim ^{2}2011.

Nützliche Internetadressen

- Nichtraucher-Initiative Deutschland e. V.:
  www.nichtraucherschutz.de

- Pro Rauchfrei e. V. – Nichtraucherlobby:
  www.pro-rauchfrei.de

- Bundeszentrale für gesundheitliche Aufklärung:
  www.pro-rauchfrei.de

DAS KLEINE ÜBUNGSHEFT